Inhalt

Frankfurter Ring 150 · 80807 München

Originaltitel: Dinosaurs & Other Prehistoric Animals
erschienen 1993 by Kingfisher Books

Übersetzung aus dem Englischen: Ulrich Look
Umschlaggestaltung: Adolf Bachmann
Lektorat: Susanne Härtel
Herstellung: Paul Fugmann
Satz: FIBO Lichtsatz GmbH, München
Printed in Germany
ISBN: 3-505-04756-2

Der Direkt-Vertrieb dieses Buches
erfolgt durch die HORIZONT VERLAG GMBH,
Filderstadt, mit Genehmigung von
Grisewood & Dempsey.

Wie erfahren wir vom Leben in der Urzeit?

Hinweise auf urzeitliches Leben sind im Gestein der äußeren Erdschicht verborgen. Die meisten Gesteine bestehen aus verschiedenen Sand- oder Schlamm-schichten, die im Laufe von Jahrmillionen unter hohem Druck verhärtet sind. Auch die Knochen und andere feste Überreste von Tieren und Pflanzen, die sich in solchen Schichten befinden, versteinern irgendwann. Man nennt sie dann Fossilien. Archäologen untersuchen diese Fossilien und das Gestein, in das sie eingebettet sind.

3 Außerdem macht man noch Fotos, und zwar sowohl von der Lage des fossilen Skeletts als auch von den Erd- und Gesteinsschichten drum herum.

ERSTE ENTDECKUNGEN

● Im Jahre 1810 fanden die zwölfjährige Mary Anning und ihr Bruder Joseph als erste Menschen das versteinerte Skelett eines Meeressauriers, der später Ichthyosaurier genannt wurde (siehe Seite 31).

4 Jeder Knochen wird mit einer dicken Schicht Gips umhüllt, damit er auf dem Transport zum Museum vor Beschädigungen geschützt ist.

WIE FOSSILIEN ENTSTEHEN

1 Der Körper eines toten Tieres sinkt auf den Grund eines Gewässers.

2 Das Skelett wird allmählich von Sand und Schlamm zugedeckt. Millionen von Jahren vergehen.

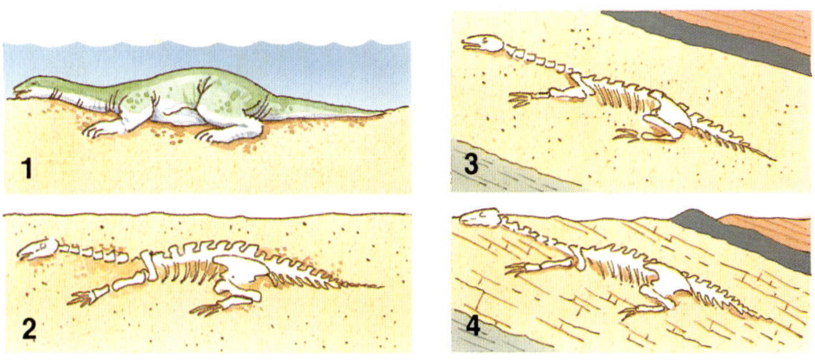

3 Sand und Schlamm und der darin eingeschlossene Knochen werden langsam zu Gestein.

4 Später verwittert die Gesteinsschicht, die fossilen Knochen kommen zutage.

Wann begann das Leben?

Die Erde ist so alt, daß der größte Teil ihrer Geschichte immer ein Geheimnis bleiben wird. Man schätzt, daß die Erde vor etwa 4600 Millionen Jahren entstanden ist und das erste Leben etwa 1100 Millionen Jahre später erschien. Die ältesten gefundenen Fossilien stammen aus der Zeit von vor 600 Millionen Jahren. Da erst hatten Tiere harte Schalen und Knochen entwickelt, die versteinern konnten. Die weichen Körper älterer, primitiverer Tiere sind einfach verwest.

DIE ERD-ZEITALTER

Die lange Geschichte dieser Erde wird in verschiedene Zeitalter aufgegliedert:

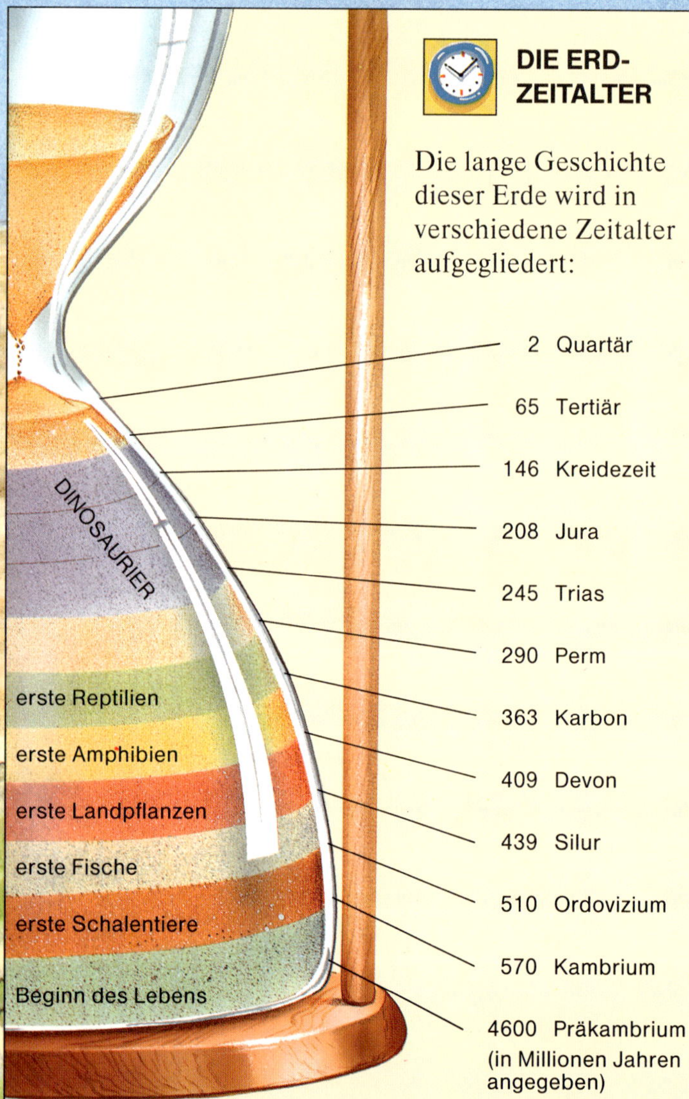

ENTWICKLUNG IM MODELL

Man unterscheidet heute zwei Hauptgruppen von Tieren: Wirbeltiere und Wirbellose. Wirbeltiere – also Tiere, die eine Wirbelsäule haben – entwickelten sich erst im Silur. Finde selbst heraus, warum es dazu kam!

1 Forme eine „Kaulquappe" aus Knetmasse.

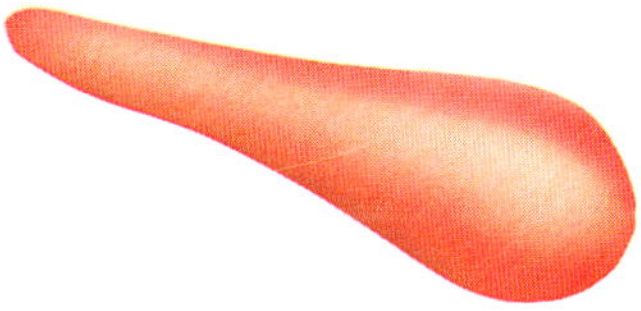

2 Forme hinten eine Schwanzflosse zum besseren Schwimmen. Doch einen Halt hat dein Tier noch nicht.

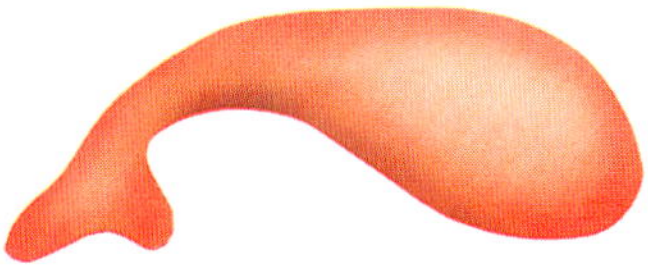

3 Versteife es durch eine Bleistift-„Wirbelsäule".

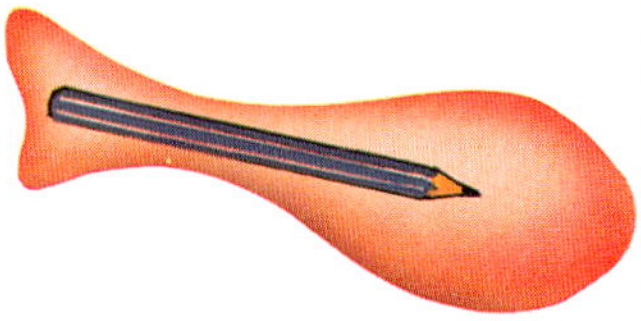

Lebewesen verändern sich ständig. Diesen Entwicklungsprozeß, der in der Natur oft Jahrmillionen dauert, nennt man Evolution.

Wie sahen die ersten Fische aus?

Die ersten Fische sahen eher den heutigen Kaulquappen ähnlich. *Arandaspis* (unten) war schon in Kopf, Rumpf und Schwanz gegliedert und besaß eine Wirbelsäule, aber keine Flossen.

SCHON GEWUSST?

Keiner der ersten Fische hatte Kiefer. Auch *Drebanaspis* und *Hemicyclaspis,* die sich nach *Arandaspis* entwickelten, mußten ihre Nahrung noch aufsaugen.

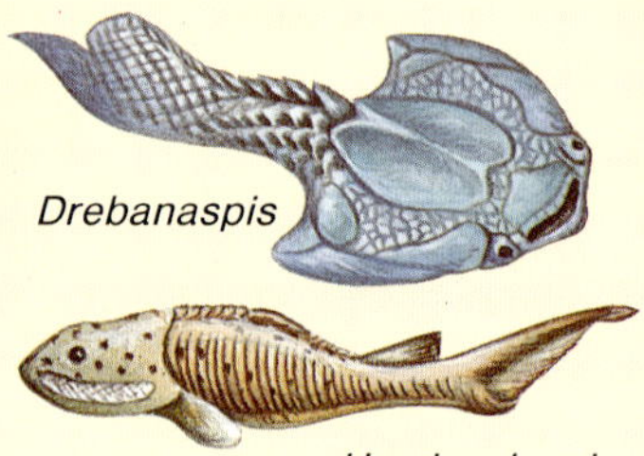

Drebanaspis

Hemicyclaspis

Welcher Fisch war so groß wie ein Wal?

Mit seinen vollen 10 m Länge, der gepanzerten Haut und dem großen, mit messerscharfen Zähnen bestückten Maul war *Dunkleosteus* der Schrecken der Urmeere.

SCHON GEWUSST?

Raubtiere ernähren sich vom Fleisch anderer Tiere, die sie jagen. Sie müssen sich schnell bewegen können und brauchen gute Augen und scharfe Zähne wie etwa der Hai.

Seit wann gibt es Haie?

Haie bilden eine der ältesten heute noch lebenden Tiergruppen. Ihre Vorfahren entwickelten sich vor etwa 400 Millionen Jahren in den Meeren des Devonzeitalters. *Stethacanthus* (unten) lebte vor etwa 300 Millionen Jahren und war ein noch recht eigenartig aussehender Hai.

SCHON GEWUSST?

Cladoselache, einer der ersten Haie, war noch älter als *Stethacanthus.* Auch *Xenacanthus* entwickelte sich im Devon. Er hielt sich länger als die beiden anderen Arten.

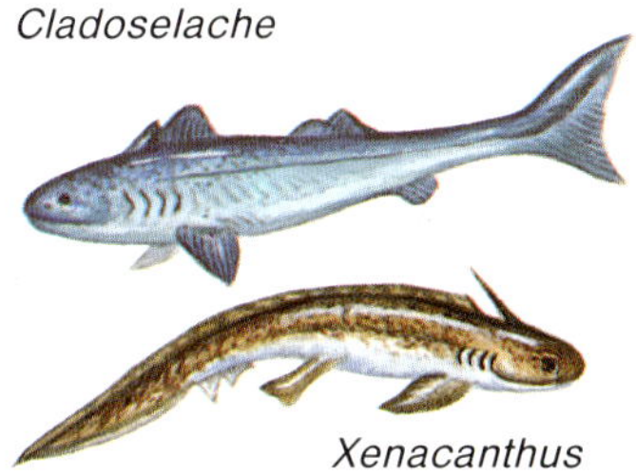

Welche Fische konnten an der Luft atmen?

Zur gleichen Zeit wie die Haie erschienen Lungenfische, die auch außerhalb des Wassers atmen konnten. Sie folgten vermutlich Insekten, die sich auf das Leben an Land umgestellt hatten.

Einer der ersten Fische, die an Land gingen, war *Panderichthys.* Mit seinen kräftigen Flossen konnte er sich auch auf festem Boden bewegen.

Zusätzlich zu ihren Kiemen hatten Lungenfische Lungen zum Atmen an Land.

Wer waren die ersten Landbewohner?

Lungenfische konnten sich immer nur kurze Zeit an Land aufhalten. Allmählich entwickelten sich aber neue Tierarten, die besser an das Landleben angepaßt waren – die Amphibien. Zu ihnen gehören auch unsere heutigen Frösche, Molche und Salamander. Sie atmeten durch Lungen, und aus ihren Flossen wurden im Laufe der Zeit Beine. Auch sie mußten regelmäßig zurück ins Wasser, damit ihre schleimige Haut nicht austrocknete und um dort ihre Eier abzulegen.

SCHON GEWUSST?

Ichthyostega war eine der ersten Amphibien. Wie seine Fischvorfahren besaß er noch einen Flossenschwanz, hatte aber bereits richtige Beine und Füße. Er hielt sich schon überwiegend an Land auf.

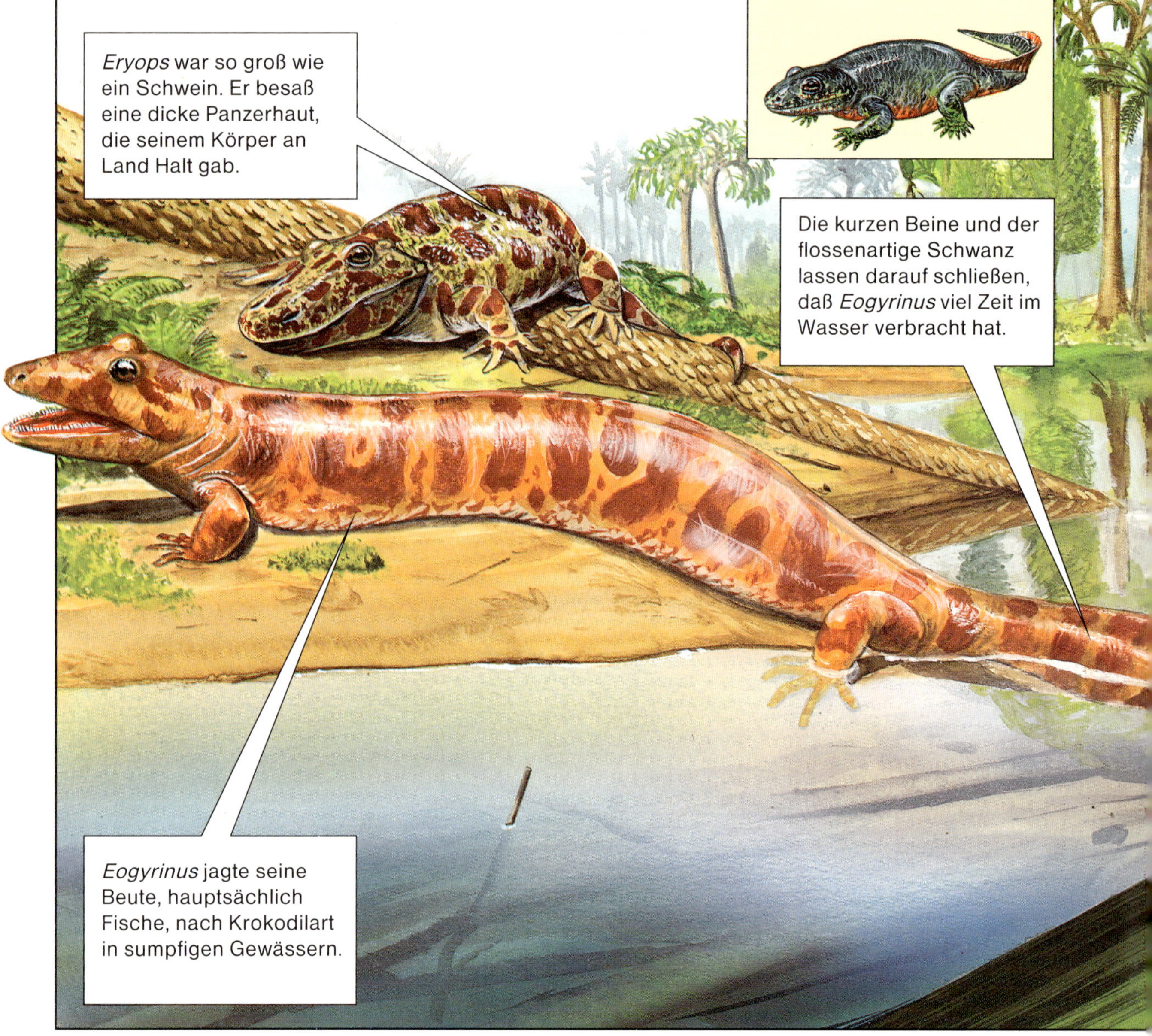

MEHR ÜBER AMPHIBIEN

- Amphibie kommt aus dem Griechischen und heißt „doppellebig“. Der Name kommt daher, weil Amphibien sowohl im Wasser wie auch an Land leben können. Den ersten Teil ihres Lebens verbringen sie vollständig im Wasser, und auch später kehren sie oft dorthin zurück. Sie legen auch ihre Eier im Wasser ab.

Zahllose Amphibienarten entwickelten sich während der Karbonzeit. Damals war das sumpfige Land bedeckt mit dichten Wäldern aus baumartigen Farnen.

Keraterpeton, ein Insektenfresser, war eine kleine, salamanderähnliche Amphibie mit langem Schwanz.

Phlegethonia war beinlos. Sie grub sich wie ein Wurm durch die verrottenden Pflanzenreste des Waldbodens.

Wann waren Libellen so groß wie Vögel?

Die dichten Wälder der Karbonzeit wurden nicht nur von Amphibien, sondern auch von riesigen Fluginsekten bevölkert. Vogelgroße Libellen schwirrten durch die Sümpfe, und zahllose andere Insekten und sonstige Gliedertiere hausten in der üppigen Vegetation. Insekten gehörten mit zu den ersten Tieren, die auf der Suche nach neuen Lebensräumen das Wasser verließen.

Die feuchten Wälder des Karbons müssen vom Summen unzähliger Fluginsekten erfüllt gewesen sein, denen der dichte Pflanzenwuchs reichlich Nahrung bot.

KRABBELTIERE

- *Brontoscorpio* (unten) war so groß wie eine Katze. Wie die meisten frühen Skorpione konnte er im Wasser und an Land leben.

- Der Riesentausendfüßer *Arthropleura* (oben) war fast 2 m lang. Er ernährte sich von faulenden Pflanzenteilen.

Meganeura hatte eine Flügelspannweite von etwa 70 cm. Sie war wohl die größte Libelle, die je gelebt hat.

Wann erschienen die ersten Reptilien?

Die Entwicklung der Reptilien begann vor 350 Millionen Jahren. Sie unterscheiden sich von den Amphibien in einem ganz wichtigen Punkt: Amphibien müssen, obwohl sie an Land leben können, ihre Eier immer im Wasser ablegen, da diese sonst austrocknen. Reptilien können dagegen ihre mit einer ledrigen Schale überzogenen Eier an Land ablegen. Somit waren die frühen Reptilien die ersten echten Landbewohner.

MEHR ÜBER REPTILIEN

- Das erste Reptil war die eidechsenähnliche, etwa 10 cm lange *Westlothiana.* Sie lebte zwischen Amphibien in den Farnwäldern der Karbonzeit.

Woher kamen die Säugetiere?

Die Säugetiere entwickelten sich aus einer Gruppe säugetierähnlicher Reptilien. Diese besaßen andere Gebisse, die nicht nur zum Fangen und Zerreißen der Beute geeignet waren, sondern auch zum Kauen. Über mehrere Millionen Jahre hinweg veränderte sich ihre Körperform, die Beine wurden länger und kräftiger, bis gegen Ende der Trias schließlich die ersten echten Säugetiere entstanden waren.

Megazostrodon war eines der ersten Säugetiere. Wie die meisten seiner heutigen Nachfahren besaß er schon ein wärmendes Fell und Schnurrhaare zum Tasten.

Säugetiere legen keine Eier. Sie bringen lebende Junge zur Welt, die von der Mutter gesäugt werden.

VON DER ECHSE ZUM SÄUGETIER

- *Lycaenops* war so groß wie ein kleiner Hund. *Massetognathus,* eines der letzten säugetierähnlichen Reptilien, hatte schon ein richtiges Fell.

- *Dimetrodon* war eines der ersten säugetierähnlichen Reptilien. Der steife Rückenkamm gab Körperwärme ab und hielt das Tier kühl.

Was sind Urwurzelzähner?

Zur gleichen Zeit wie die säugetierähnlichen Reptilien lebte eine Gruppe anderer Reptilien, die Thecodontia oder Urwurzelzähner, die unseren heutigen Krokodilen recht ähnlich waren. Sie hatten lange Schwänze und starke Hinterbeine. Aus ihnen entwickelten sich drei neue Gruppen von Echsen: die Krokodile, die Pterosaurier (siehe Seite 28) und die Dinosaurier.

SCHON GEWUSST?

Die heutigen Krokodile besitzen noch alle wesentlichen Merkmale – die scharfen Zähne, den langen Schwanz und die kräftigen Beine – ihrer Vorfahren. Einer der ersten war *Chasmatosaurus* (unten).

Wann erschienen die ersten Dinosaurier?

Die ersten Dinosaurier entwickelten sich aus den Urwurzelzähnern, den krokodilartigen Echsen, gegen Ende der Trias vor etwas über 200 Millionen Jahren. Zunächst waren sie noch selten, doch mit der Zeit wurden sie immer häufiger. Neue, größere Arten kamen hinzu. Die frühen Arten waren zumeist Fleischfresser; später tauchten dann auch pflanzenfressende Dinosaurier auf, deren Körperform sich deutlich von der fleischfressender Arten unterschied.

Kleinere Echsen, wie diese hier, und Insekten waren die Beute von *Procompsognathus* (rechts), der in den Wüsten zu Hause war.

Procompsognathus war einer der ersten Dinosaurier. Er war so groß wie ein Geier und verfolgte seine Beute auf den langen Hinterbeinen.

DINO-DIÄT

• Die ersten Dinosaurier waren überwiegend aufrecht gehende Fleischfresser wie *Procompsognathus*. Die meisten auf allen vieren gehenden Pflanzenfresser entwickelten sich später. Pflanzen sind schwerer verdaulich als Fleisch.

Nadelholzzweige, von denen manche Dinos lebten, sind besonders schwer verdaulich.

• Zur besseren Verdauung ihrer harten Nahrung besaßen die pflanzenfressenden Saurier extrem lange Därme und entsprechend riesige Körper. Aufgrund ihrer Masse mußten sie sich aber auf allen vier Beinen fortbewegen. Zweibeinige Pflanzenfresser kamen erst sehr viel später.

BECKENKNOCHEN

- Man unterscheidet die Dinosaurier nach der Form ihrer Beckenknochen. Es gibt zwei Hauptgruppen – die mit echsenartigen und die mit vogelartigen Becken. Alle Fleischfresser und die meisten der großen vierbeinigen Pflanzenfresser besaßen echsenartige Becken.

Albertosaurus (Fleischfresser mit echsenartigem Becken)

Alamosaurus (Pflanzenfresser mit echsenartigem Becken)

- Dinosaurier mit vogelartigem Becken entwickelten sich erst später. Es gab zwei- und vierbeinige Arten unter ihnen. Alle waren Pflanzenfresser.

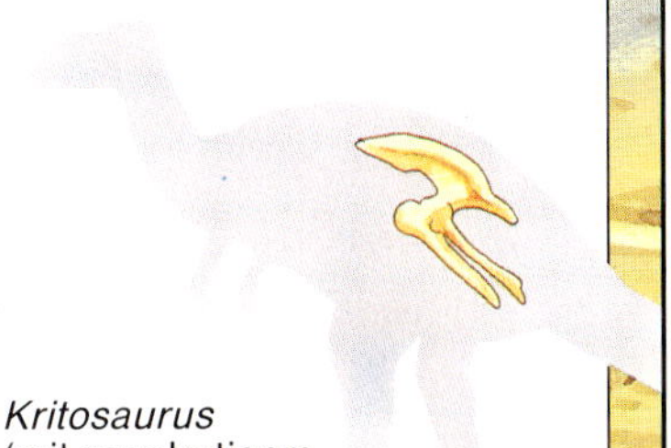

Kritosaurus (mit vogelartigem Becken)

Wie groß waren Dinosaurier?

Die Blütezeit der Dinosaurier war gegen Ende des Juras, als der satte Pflanzenwuchs Nahrung im Überfluß bot. In dieser Zeit entwickelte sich die Gruppe der Sauropoden. Diese langhalsigen Riesentiere waren die größten Landlebewesen aller Zeiten. Einige waren mehr als zehnmal so groß wie ein Elefant. Auf ihren mächtigen Körpern mit den langen Hälsen saßen kleine Köpfe, mit denen sie auch noch das saftige Grün in den höchsten Baumwipfeln erreichen konnten. Bei ihrer ungeheuren Größe müssen sie fast ununterbrochen mit Fressen beschäftigt gewesen sein!

Einer der längsten Dinosaurier war *Brachiosaurus.* Mit aufgerichtetem Hals erreichte er eine Höhe von etwa 13 m – das ist so hoch wie ein vierstöckiges Haus!

MEHR ÜBER DIE RIESEN

- *Mamenchisaurus* hatte von allen jemals lebenden Tieren den längsten Hals – 15 m!

- Die Beckenknochen der Sauropoden waren riesig. In Colorado, USA, fand man 1988 einen, der über mannshoch war!

Fast die Hälfte seiner Länge von etwa 21 m entfiel bei *Apatosaurus* auf den Schwanz, mit dem er sich wie mit einer Peitsche gegen Angreifer verteidigte.

DINO-DRUCKE

Druck dir deine eigene Dinosaurierherde!

1 Halbiere eine Kartoffel, und zeichne auf jede Hälfte einen Saurier. Am besten vorher üben!

2 Entferne einige Millimeter tief die Kartoffel außerhalb deiner Zeichnung, so daß der Dino leicht über den Rest hinausragt.

3 Dino einfärben, drucken – fertig!

Ein extrem langer Hals und Schwanz machten auch *Diplodocus* zu einem der längsten Dinosaurier. Er war ganze 27 m lang!

Waren alle Dinosaurier riesig?

Bei dem Wort „Dinosaurier“ denken wir meistens sofort an hausgroße Monster. Tatsächlich gab es aber auch viele ziemlich kleine Arten. Manche waren nicht größer als heutige Echsen. Neben diesen kleinen Pflanzenfressern gab es auch Fleischfresser, deren Beute aus Insekten und anderen Kleintieren bestand.

SCHON GEWUSST?

Die oft schwierigen Namen der Dinosaurier aus dem Griechischen oder Lateinischen beschreiben wichtige Merkmale des Körperbaus. *Styracosaurus* bedeutet z. B. „Dornenechse“.

Der dünne Schwanz von *Compsognathus* hatte mehr als Körperlänge.

Compsognathus war ein etwa 1,20 m großer flinker Fleischfresser, der Jagd auf kleine Echsen machte.

SCHON GEWUSST?

Der etwa 50 cm hohe *Scutellosaurus* war einer der Zwerge unter den Dinosauriern. Der Rücken dieses Pflanzenfressers war durch Reihen harter Stollen geschützt.

Wo fand man das kleinste Skelett?

1979 fand man in Argentinien ein Skelett, nicht größer als eine Handfläche. Zunächst glaubten die Archäologen, sie hätten die kleinste Dinosaurierart entdeckt, dann stellte sich heraus, daß es sich hier um ein Saurierbaby handelte.

Das Skelett stammte von einem jungen *Mussaurus.* Es hatte den für Tierbabys typischen unverhältnismäßig großen Kopf und große Füße.

MEHR ÜBER MUSSAURUS

- Alle Körper wachsen und verändern sich im Laufe des Lebens nach einem bestimmten Schema. So konnte man errechnen, daß dieses *Mussaurus*-Baby etwa 3 m lang geworden wäre.

Ausgewachsener *Mussaurus*

Wo fand man den kleinsten Fußabdruck?

In den 80er Jahren fand man in Nova Scotia, Kanada, zwischen Felsen den Fußabdruck eines Dinosauriers - nicht größer als der eines Spatzen! Anders als vor 150 Millionen Jahren ist das Klima dort heute für Reptilien viel zu kalt.

Solche versteinerten Fußabdrücke – man nennt sie „Spurenfossilien" – sind oft die einzige Information über ausgestorbene Tierarten.

MEHR ÜBER FUSSABDRÜCKE

- An Fußspuren kann man Größe, Gewicht und Geschwindigkeit eines Tieres erkennen. Krallenabdrücke verraten, ob es ein Fleisch- oder ein Pflanzenfresser war.
- Die fossilen Fußabdrücke einiger Sauropoden sind groß genug, um darin zu sitzen.

Welches waren die schnellsten Dinosaurier?

Ihr besonderer Körperbau befähigte vor allem die Fleischfresser unter den Dinosauriern zu großer Geschwindigkeit. Auf ihren langen, starken Hinterbeinen konnten sie sehr schnell laufen. Den schweren Schwanz setzten sie dabei wie eine Balancierstange ein. Ihre Geschwindigkeit war für sie lebensnotwendig, um ihre Beute fangen zu können.

MEHR ÜBER RENNER

- *Struthiomimus* war einer der schnellsten Dinosaurier. In Körperform und Größe ähnelte er einem Strauß, und auf seinen langen Hinterbeinen schaffte er wohl an die 50 km/h.

Welches waren die gefährlichsten Dinosaurier?

Fleischfressende Dinosaurier waren die furchterregendsten Raubtiere, die je gelebt haben. Immer größere und schnellere Arten tauchten auf. Die größten von allen waren zwei Tyrannosaurier: *Tyrannosaurus rex* (12 m) und *Tyrannosaurus bataar,* der es sogar auf 14 m brachte. Der Anblick dieses Monsters mit dem zähnestarrenden Riesenmaul wäre wohl nichts für schwache Nerven.

Allein der Schädel dieses gewaltigen Raubtieres war weit über 1 m lang, die tödlichen Zähne so groß und scharf wie Messer.

Tyrannosaurus hatte erstaunlich kleine Arme. Vielleicht benutzte er sie nur, um sich beim Aufstehen vom Boden abzustützen.

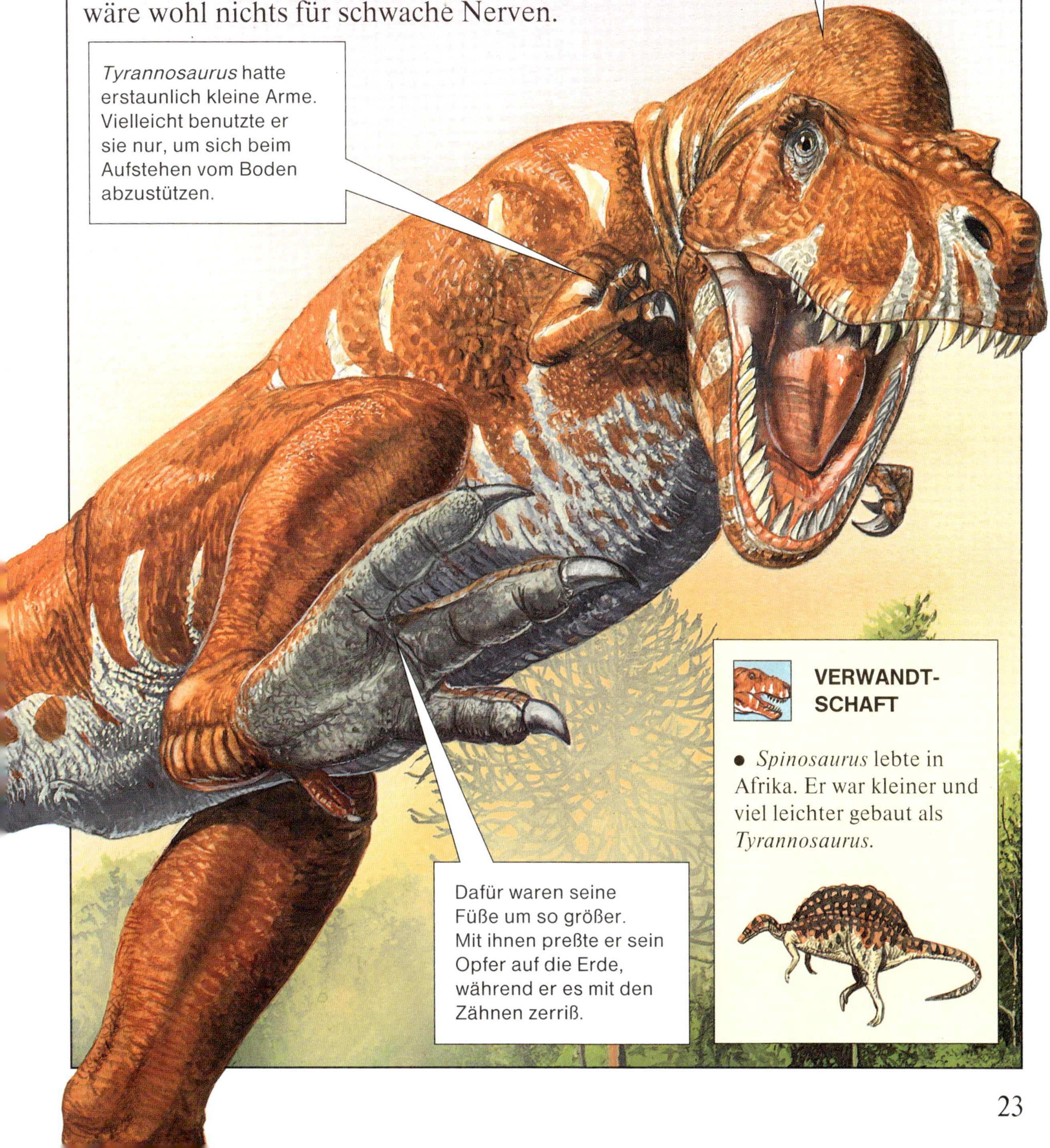

Dafür waren seine Füße um so größer. Mit ihnen preßte er sein Opfer auf die Erde, während er es mit den Zähnen zerriß.

VERWANDTSCHAFT

- *Spinosaurus* lebte in Afrika. Er war kleiner und viel leichter gebaut als *Tyrannosaurus.*

Legten Dinosaurier Eier?

Wie die meisten heutigen Reptilien schlüpften auch die jungen Dinosaurier aus Eiern. Man hat fossile Nester mit zehn und mehr Eiern gefunden. Verglichen mit der Körpergröße der Tiere sind Sauriereier klein. Kleine Eier haben dünnere Schalen, und die Jungen konnten so leichter ausschlüpfen.

Hypsilophodon bedeckte seine Nester mit einer Schicht Sand oder Laub, um die Eier bis zum Schlüpfen warm zu halten.

Eine andere Methode, die Eier zu wärmen, war das Ausbrüten – wie Vögel unserer Zeit.

Saurier bauten ihre Nester auch in Laub oder weichem Sand. *Protoceratops* legte seine Eier im Kreis ab.

EIER-PUZZLE

Archäologen müssen ihre Funde oft aus vielen kleinen Einzelteilen rekonstruieren. Das ist ganz schön schwierig – probier es selbst mal! Schäle ein hartgekochtes Ei, mische die Stückchen Eierschalen gut durcheinander, und versuch dann, sie mit Alleskleber wieder zu einem ganzen „fossilen Saurierei“ zusammenzusetzen.

SCHON GEWUSST?

Das größte je gefundene Dinosaurierei ist nur etwa fünfmal so lang wie ein Hühnerei.

Hühnerei

Wie sahen Dinosaurierbabys aus?

Neugeborene Dinosaurier waren so hilflos wie junge Vögel. Sie wurden von ihren Eltern gefüttert, bis sie groß genug waren, das Nest zu verlassen. 1978 fand man in den USA fossile Nester mit Jungtieren darin. Diese Funde haben der Wissenschaft viele Erkenntnisse über die Art *Maiasaura* eingebracht.

MEHR ÜBER MAIASAURA

- *Maiasaura* bedeutet „Gute-Mutter-Echse“.
- *Maiasaura* lebte in Herden und betreute die Jungen gemeinschaftlich.

Konnten Dinosaurier fliegen?

Nein, denn Dinosaurier waren reine Landtiere. Aber eine Gruppe verwandter Reptilien beherrschte zu ihrer Zeit die Lüfte – die Pterosaurier. Diese Flugechsen hatten große Köpfe, kleine pelzige Körper und Schwingen mit ledrigen Flughäuten, aber noch keine Federn. Es gab viele verschiedene Arten. Die hier gezeigten lebten alle vor etwa 150 Millionen Jahren in Europa.

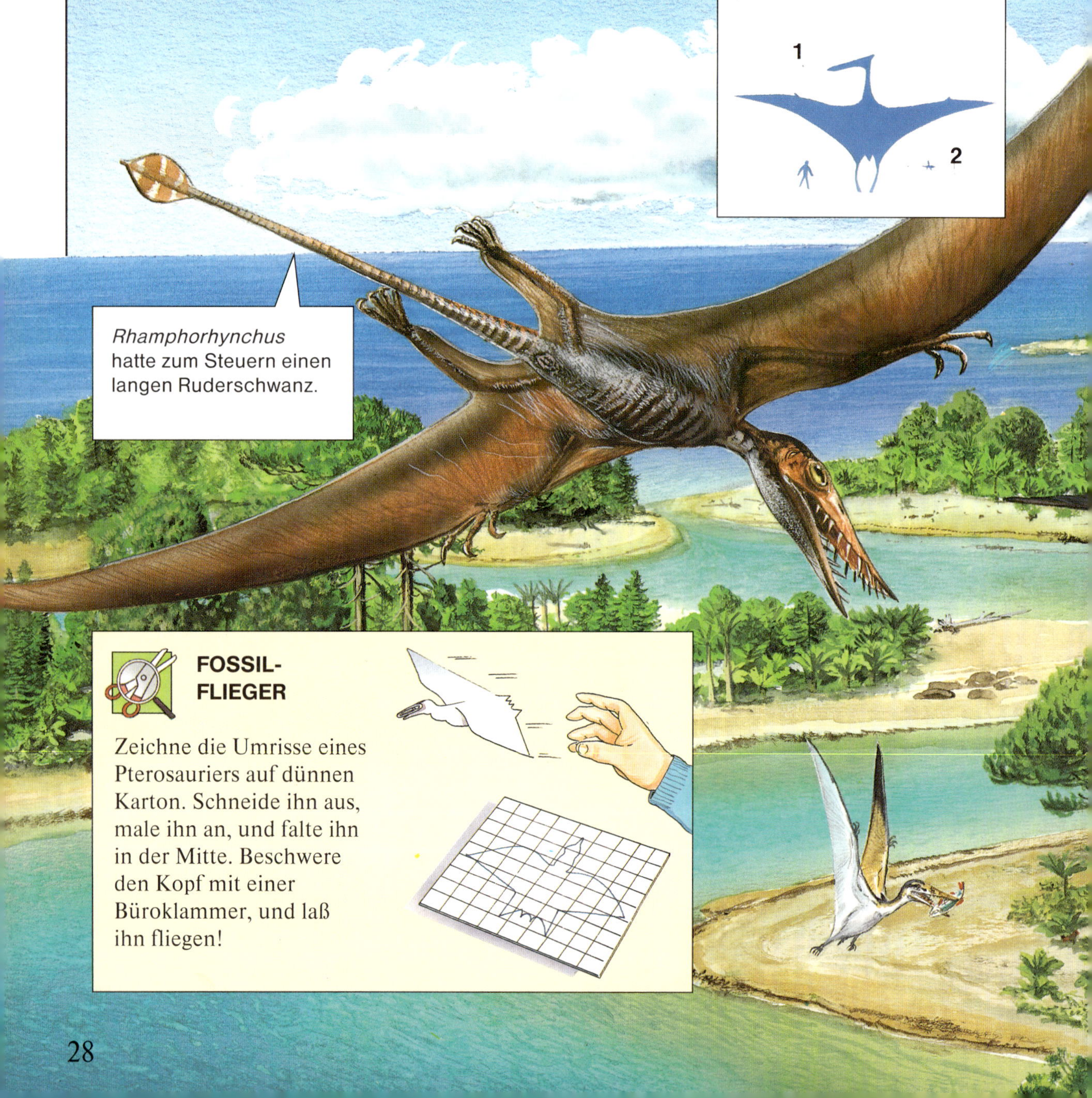

MEHR ÜBER FLUGSAURIER

- *Quetzalcoatlus* (1) war mit einer Spannweite von über 12 m der größte Pterosaurier.
- Der kleinste war *Batrachognathus* (2).

Rhamphorhynchus hatte zum Steuern einen langen Ruderschwanz.

FOSSIL-FLIEGER

Zeichne die Umrisse eines Pterosauriers auf dünnen Karton. Schneide ihn aus, male ihn an, und falte ihn in der Mitte. Beschwere den Kopf mit einer Büroklammer, und laß ihn fliegen!

Archaeopteryx war wahrscheinlich der erste Vogel. Er hatte schon Federn, aber statt eines Schnabels noch bezahnte Echsenkiefer.

Anurognathus war einer der kleinsten Flugsaurier. Er hatte eine kurze Schnauze mit feinen Zähnchen und lebte von Insekten.

Pterodactylus hatte breite Flügel und lebte wie viele Pterosaurier von Fisch.

SCHON GEWUSST?

An den Kieferformen der Pterosaurier kann man erkennen, wovon sie sich ernährten.

Dzungaripterus fischte mit seinen gebogenen, pinzettenartigen Kiefern nach Schalentieren.

Dimorphodon hatte die kräftigen Kiefer und scharfen Zähne eines Fleischfressers.

Tropeognathus war ein Fischfresser. Die eigenartig geformten Kiefer stabilisierten ihn im Wasser.

Konnten Dinosaurier schwimmen?

Dinosaurier konnten nicht schwimmen, doch gab es zu ihrer Zeit viele meeresbewohnende Reptilien. Die größten waren die Plesiosaurier. Es gab kurz- und langhalsige Arten.

Fossilien von Seetieren sind ziemlich häufig, weil ihre Körper nach dem Tode auf den Meeresgrund sanken und dort von Schlick und Sand umschlossen wurden. Landtiere mußten zufällig in ein Gewässer fallen, damit Fossilien entstehen konnten (siehe Seite 5).

TEST MIT KÖRPERFORMEN

Die stromlinienförmigen Körper von Seetieren bieten dem Wasser nur wenig Widerstand - probier es selbst aus!

1 Nimm einige gleich große, unterschiedlich geformte Gegenstände.

2 Befestige sie an einer Schnur, und ziehe sie durchs Wasser. Welcher gleitet am einfachsten?

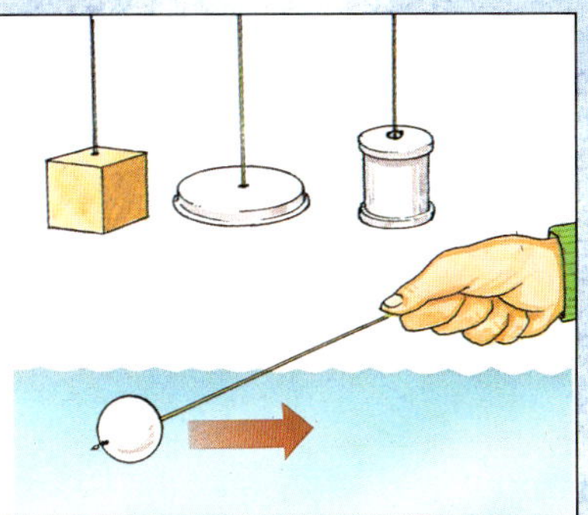

Der fischähnliche *Stenopterygius* gehörte zu einer anderen Gruppe von Meerechsen, den Ichthyosauriern.

Peloneustes war ein gedrungener, kurzhalsiger Plesiosaurier mit einem sehr viel größeren Kopf als *Cryptoclidus*.

MEHR ÜBER MEERESSAURIER

- *Mosasaurus* war eine riesige, etwa 10 m lange Meerechse.
- *Askeptosaurus* und *Pleurosaurus* bewegten sich mit Hilfe ihres Schwanzes fort.

Warum verschwanden die Dinosaurier?

Gegen Ende der Kreidezeit verschwanden die Dinosaurier - zusammen mit den Pterosauriern, Meeressauriern und vielen anderen Tierarten. Es gibt keine Fossilienfunde von Sauriern, die jünger als 65 Millionen Jahre sind. Bis heute weiß niemand genau, was zum Aussterben der großen Echsen geführt hat. Es gibt da die unterschiedlichsten Theorien wie etwa Klimaveränderung oder gigantische Naturkatastrophen, z. B. Meteoreinschläge.

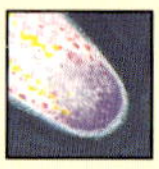

ANDERE THEORIEN

- Einige Wissenschaftler vermuten, daß Veränderungen in der Strahlung des Sonnenlichts die Eier vernichtet haben könnten.

- Die Kontinente lagen damals sehr viel dichter beieinander als heute. Seuchen, die möglicherweise nur für bestimmte

Tierarten gefährlich waren, konnten sich damals leichter über die ganze Erde ausbreiten.

Ein Hagel großer Meteore hätte beim Einschlag Unmengen von Staub in die Atmosphäre gewirbelt, dadurch monatelang die Sonne verdunkelt und zu einem gewaltigen Temperatursturz geführt, dem die Tiere zum Opfer gefallen wären.

Die Vögel sind dem Desaster entkommen. Offenbar haben sie eine Möglichkeit gefunden, vor den Staubwolken zu fliehen.

Auch die Säugetiere überlebten. Vielleicht haben sie sich in die Erde eingegraben und eine Art Winterschlaf gehalten, bis alles vorbei war.

Der erstickende Staub hat womöglich monatelang die Erde eingehüllt und weder Licht noch Sonnenwärme durchgelassen.
Nach dieser Theorie sind die kälteempfindlichen Saurier entweder erfroren oder verhungert, weil sie keine Nahrung mehr fanden.

Was kam nach den Dinosauriern?

Über 160 Millionen Jahre beherrschten die Dinosaurier die Erde. Als sie ausstarben, nahmen die Säugetiere ihren Platz ein. Sie waren kleiner, entwickelten sich aber schnell. *Hyaenodon* (unten) war ein Vorfahre unserer Raubtiere.

SCHON GEWUSST?

Fleischfressende Säugetiere wie Wölfe töten ihre Beute mit den langen, spitzen Eckzähnen. Mit den Backenzähnen zerkleinern sie das Fleisch.

Welches waren die größten Säugetiere?

Dinoceraten waren eine Gruppe pflanzenfressender Säugetiere. Zu ihnen zählten die riesigen Uintatherien, die sich etwa 10 Millionen Jahre nach den letzten Dinosauriern entwickelten. Eine Art, *Uintatherium* (unten), war bis zu 4 m lang.

SCHON GEWUSST?

Pflanzenfresser haben andere Gebisse als Fleischfresser. Ihre Zähne sind so beschaffen, daß die Tiere die Pflanzenfasern damit fein zermahlen können.

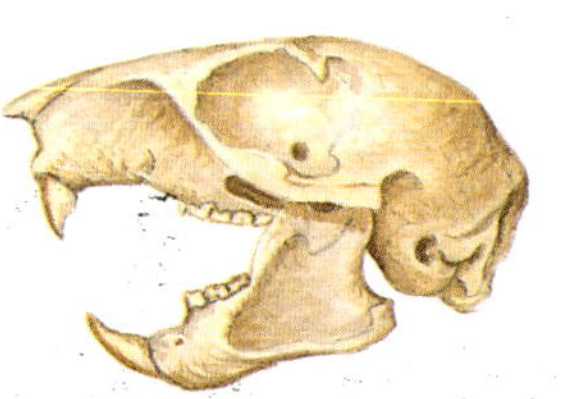

Wie sahen die ersten Wale aus?

Basilosaurus (unten) sah mit seinem kleinen Kopf und dem schlangenartigen Körper unseren heutigen Walen noch nicht sehr ähnlich. Der gewaltige Meeressäuger mit dem schrecklichen Gebiß lebte von Fischen und Tintenfischen.

Basilosaurus hatte noch verkümmerte Hinterbeine – ein Erbe seiner Vorfahren, die an Land gelebt hatten.

Wie sahen die ersten Fledermäuse aus?

Icaronycteris (unten) besaß schon zahlreiche Merkmale der heutigen Fledermäuse. Zwischen den Fingerknochen hatte er Flughäute, und er fing Insekten in der Luft; aber er hatte noch einen langen Schwanz.

Heutige Fledermäuse haben nur je eine Kralle am Daumen. *Icaronycteris* besaß zusätzlich noch eine an jedem ersten Finger.

Wann erschienen die ersten Steppentiere?

Vor etwa 25 Millionen Jahren änderte sich das Klima der Erde. Es wurde kühler und trockener, und offene Grassteppen verdrängten die dichten Wälder. Mit der Landschaft veränderten sich auch viele Tiere. Die ersten Pferde etwa waren kleine Waldtiere, die versteckt im Unterholz lebten. Nun paßten sie sich den neuen Lebensumständen an, wurden größer und bekamen längere Beine, um in der offenen Steppe vor Verfolgern flüchten zu können.

Steppen und Savannen sind trockene Landschaften. Die Wurzeln ihrer zähen Gräser überstehen selbst Dürre oder Feuer ohne großen Schaden und treiben bald danach wieder aus.

SCHON GEWUSST?

Der Körperbau der meisten grasfressenden Steppentiere ist sich ziemlich ähnlich, da sie zum Überleben über die gleichen Fähigkeiten verfügen müssen. Zum Kauen der harten Gräser brauchen sie

kräftige Kiefer und Zähne. Langgezogene Köpfe sorgen dafür, daß die Augen beim Fressen nicht vom Gras verdeckt sind. Lange Hälse bieten einen besseren Überblick, und mit den langen Beinen können sie bei Gefahr schneller entkommen.

Daenodon, ein entfernter riesenhafter Verwandter unserer Schweine, siedelte allmählich vom Wald in die Steppe um.

Parahippus, ein etwa schafsgroßes Pferd, entwickelte starke Zähne, um die ungewohnt harten Gräser kauen zu können.

Moropus war so ein Blätterfresser. Er sah recht eigenartig aus, wie eine Kreuzung zwischen Pferd, Bär und Kamel.
Vereinzelt wuchsen Bäume in den Steppen. Große Tierarten entwickelten sich, die von den Blättern lebten – so wie heute die Giraffen.
Syndyoceras hatte lange Beine und schlanke Hufe. Seine Geschwindigkeit war für ihn ebenso lebenswichtig wie die beeindruckenden Hörner.
Das leichtfüßige *Stenomylus,* ein frühes Kamel, zog in Herden über die Steppen.

Was versteht man unter Eiszeit?

Vor etwa 2 Millionen Jahren sank die Temperatur weltweit sehr stark ab. Ganz Europa und Nordamerika waren von Schnee und Eis bedeckt. Solche lang anhaltenden Kälteperioden nennt man Eiszeit. Viele Tierarten starben damals aus. Andere paßten sich der Kälte an, entwickelten schützende Speckschichten oder ein warmes Fell und überlebten.

MEHR ÜBER EISZEITEN

- Gewaltige Mengen Eis aus den zugefrorenen Meeren schoben sich allmählich aufs Festland hinaus. Dadurch sank der Meeresspiegel gegenüber heute um etwa 90 m ab!
- In den letzten 2 Millionen Jahren gab es mehrere Eiszeiten, denen jeweils wieder eine wärmere Periode folgte.

Wichtige Begriffe

Amphibien Eine Gruppe von Wirbeltieren, die sowohl im Wasser als auch an Land lebt, z. B. Frösche, Kröten und Molche.

Ankylosaurier Eine Gruppe von Dinosauriern mit starker Körperpanzerung. Aus ihrer dicken Haut ragten knöcherne Spitzen, Stacheln und Höcker hervor.

Aussterben Wenn eine Pflanzen- oder Tierart vollständig und für immer verschwindet – so wie damals die Dinosaurier.

Styracosaurus

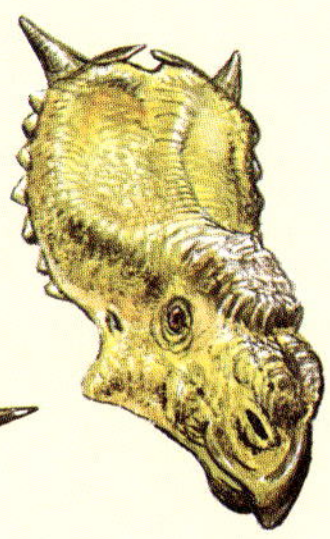

Pachyrhinosaurus

Ceratopsia Eine Gruppe gepanzerter, horntragender Dinosaurier. Der bekannteste war *Triceratops*.

Evolution Der allmähliche, oft Millionen von Jahren dauernde Entwicklungsprozeß von Tier- und Pflanzenarten.

Fossilien Versteinerte Überreste vorgeschichtlicher Tiere und Pflanzen.

Ichthyosaurier (griechisch für „Fischechsen“) Fischähnlich gebaute Meeressaurier.

Prähistorisch Vorgeschichtlich, also aus der Urzeit stammend, bevor es Menschen gab.

Pterosaurier Mit den Dinosauriern verwandte Flugsaurier. Sie besaßen fledermausähnliche Flughäute, aber noch keine Federn.

Reptilien Eine Hauptgruppe der Wirbeltiere, z. B. Schlangen, Krokodile und Schildkröten. Sie haben eine trockene, mit Hornschuppen besetzte Haut und legen ihre Eier im Gegensatz zu Amphibien an Land ab. Auch die Saurier gehörten zu den Reptilien.

Parahippus

Säugetiere Eine Tiergruppe, die lebende Junge zur Welt bringt und mit Muttermilch säugt. Zu ihnen zählen so unterschiedliche Arten wie Maus und Elefant, Pferd (oben), Wal und – genaugenommen – auch der Mensch.

Stegosaurier Eine Gruppe der Dinosaurier, die Rückenkämme aus oft riesigen Knochenplatten und -stacheln trug. Einer davon war *Stegosaurus* (unten).

Wirbellose Tiere, die keine Wirbelsäule besitzen, wie etwa Würmer, Quallen, Schnecken, Insekten usw.

Stegosaurus

Register